W0193720

DON
BOSCO

Andrea Erkert

Die 50 besten
Spiele zum Abbau
von Aggressivität

MiniSpielothek

**Gerne nehmen wir Ihre Anregungen,
Wünsche, Kritik oder Fragen entgegen:**
Don Bosco Medien GmbH, Sieboldstraße 11, 81669 München
anregungen@donbosco-medien.de
Servicetelefon: 089 / 48008-341

Bibliografische Information der Deutschen Nationalbibliothek

Die Deutsche Nationalbibliothek verzeichnet diese Publikation in
der Deutschen Nationalbibliografie; detaillierte bibliografische
Daten sind im Internet über http://dnb.d-nb.de abrufbar.

4. Auflage 2015 / ISBN 978-3-7698-1921-2
© 2012 Don Bosco Medien GmbH, München
www.donbosco-medien.de
Umschlag und Illustration: Manfred Lehner, Blue Cat Design-
Layout: Alexandra Paulus
Produktion: Don Bosco Druck & Design, Ensdorf

Gedruckt auf umweltfreundlichem Papier

Inhalt

Mit einer geballten Faust kann man keinen Händedruck wechseln.

Indira Gandhi

Gefühle wahrnehmen und äußern

Wut oder Freude?

Mit dem folgenden Spiel kann man lernen, Gesichtsausdrücke richtig zu interpretieren.

Die Kinder bilden einen Kreis. Ein Kind überlegt sich ein bestimmtes Gefühl, welches es anschließend in der Kreismitte pantomimisch darstellt. Das Kind deutet auf ein Kind im Kreis, das das in der Pantomime dargestellte Gefühl nun durch ein Geräusch zum Ausdruck bringt, z. B. Freude durch lautes Lachen. Wurde die pantomimisch vorgestellte Gefühlsäußerung richtig wahrgenommen, darf ein anderes Kind mit dem Kind in der Mitte den Platz tauschen und ein weiteres Gefühl pantomimisch darstellen.

Glücksmomente

Zum Rhythmus der Trommel gehen die Kinder so lange im Raum umher, bis das Trommeln plötzlich aufhört. Jetzt sollen sich die Kinder eine Situation ausdenken, welche sie besonders glücklich macht. Hören die Kinder dann einen kräftigen Trommelschlag, dürfen sie zeigen wie glücklich sie sind. Dabei können die Kinder beispielsweise in die Luft springen, vor Freude jauchzen oder sich gegenseitig herzlich umarmen.

Setzt ein erneuter Trommelschlag ein, bilden die Kinder einen Kreis, um folgende Fragen miteinander zu diskutieren: „Gibt es Dinge, die dich besonders erfreuen?" „Wie zeigst du, dass du glücklich bist?" „Was kannst du tun, um anderen eine Freude zu bereiten?"

Variation

Die Kinder erinnern sich an eine Situation, in der sie besonders wütend waren.

Material

Handtrommel

Leise und laute Töne

Welche Musiklautstärke wird als angenehm und welche eher als belastend empfunden?

Wie reagieren wir, wenn uns laute Musik stört? Werden wir unruhig, nervös, gereizt oder vielleicht sogar aggressiv?

Und was können wir tun, damit es uns wieder besser geht?

All diese Fragen lassen sich relativ leicht nach der folgenden Übung beantworten:

Während die Kinder stillschweigend auf ihren Stühlen sitzen, erklingt eine leise Musik, die allmählich immer lauter gedreht wird. Ist die Lautstärke den Kindern unangenehm, dann heben sie die Hand. Daraufhin wird die Musik wieder leiser gedreht. Sobald die Kinder sich wieder wohl fühlen, senken sie ihre Hand. Sind keine Hände mehr in der Luft zu sehen, findet ein Erfahrungsaustausch statt.

Material

CD-Player, Instrumentalmusik

Siehst du fröhlich oder traurig aus?

Zu erleben, wie ein anderer das eigene Gesicht sanft mit einem Schminkstift berührt, ist für Kinder immer ein tolles Gefühl und meist mit viel Gelächter verbunden. Neuartig und interessant kann das Schminken auch sein, wenn das Kind erraten muss, welche Stimmung ihm sein Partnerkind gerade ins Gesicht zaubert.

Denn je nachdem, ob beispielsweise Tränen oder ein hochgezogener Mundwinkel aufgemalt werden, kann dann das betreffende Kind fröhlich oder traurig aussehen. Wurde die aufgemalte Stimmung erkannt, darf sich das Kind zur Kontrolle im Spiegel betrachten. Danach werden die Rollen getauscht.

Material

Schminkstifte

Launisch wie das Wetter?

Eines der Kinder verkündet der Gruppe den Wetterbericht für morgen. Je nachdem, ob beispielsweise die Sonne scheinen, es regnen, stürmen oder schneien wird, teilen die übrigen Kinder nacheinander ihre damit verbundene emotionale Stimmung mit.

Sollte die Stimmung beispielsweise bei Regen, Blitz und Donner schlecht sein, dann versuchen die Kinder miteinander Lösungswege zu finden, die zu einer Verbesserung der allgemeinen Gemütsverfassung beitragen.

Danach wiederholt ein anderes Kind das Spiel, indem es eine neue Wettervorhersage macht.

Was sagt dir dein Gefühl?

Stein um Stein einen Turm bauen ist spannend und aufregend zugleich. Doch wann ist es besser aufzuhören, damit der Turm nicht einstürzt? Was sagt unser Gefühl?

Dies können die Kinder ausprobieren, indem sie immer vor dem Auftürmen eines weiteren Steins nacheinander einen Tipp abgeben. Wer hat die Situation richtig eingeschätzt und hat rechtzeitig mit dem Bau aufgehört?

Bauklötze

Schimpfwörter und ihre Wirkung

Reihum dürfen die Kinder sagen, welche Schimpfwörter sie persönlich wütend, traurig oder ärgerlich machen. Weil jedoch Schimpfwörter sehr unterschiedlich empfunden und bewertet werden können, sollen sich die anderen Kinder bei jedem genannten Wort überlegen, ob dieses sie ebenfalls trifft.

Auf diese Weise wird den Kindern klar, dass unabhängig von den eigenen Empfindungen auch ein noch so unbedacht geäußertes Schimpfwort stets verletzend sein kann.

Variation

Die Kinder überlegen sich Worte und Situationen, die sie fröhlich und glücklich stimmen. Dabei erkennen sie rasch, was ihnen selbst und auch anderen gut tut.

Ich werde wütend wenn ...

Die Kinder bilden einen Kreis und setzen sich auf den Boden. Um sich gegenseitig den Ball gut zurollen zu können, werden die Beine hüftbreit auseinander auf den Boden gelegt, sodass sich die Fußspitzen der Nachbarskinder gegenseitig berühren.

Das Spiel beginnt, indem das Kind mit dem Ball kurz eine Situation schildert, in der es so richtig wütend war. Anschließend rollt es den Ball einem anderen Kind zu, welches auf die gleiche Art das Spiel wiederholt.

Waren alle Kinder an der Reihe, dann können die folgenden Fragen miteinander geklärt werden:

„Was machst du, wenn du wütend bist?"

„Welche Verhaltensweisen tun gut und welche nicht?"

„Gibt es Personen, denen du von deiner Wut erzählen kannst?"

Variation

Das Spiel kann auch mit anderen Gefühlszuständen, wie fröhlich, glücklich, traurig, durchgeführt werden.

Material

Ball

So geht's dir wieder gut!

Wie soll man mit jemandem umgehen, der beispielsweise traurig, beleidigt, enttäuscht, einsam oder zornig ist? Sicherlich keine leicht zu beantwortende Frage.

Dennoch können die Kinder hierzu gemeinsam Antworten finden, indem eines der Kinder in der Stuhlkreismitte eine negative Stimmung vorspielt, welche die anderen zunächst kommentarlos beobachten. Sobald sich das Kind wieder auf seinen Platz setzt, werden verschiedene Wege gesucht, um das Kind so schnell wie möglich aufzuheitern. Am Ende muss das darstellende Kind entscheiden, was ihm in dieser Situation besonders gut getan hat.

Was wirklich glücklich macht!

Stillschweigend sitzen die Kinder um eine ausgelegte Papierbahn herum und überlegen sich, welche Dinge zum Glücklichsein benötigt werden.

Nach einer kurzen Weile erklingt eine ruhige Musik, zu der die Kinder sämtliche Dinge, evtl. auch symbolisch, auf das Papier aufmalen. Ist die Musik beendet, gehen die Kinder einmal um das Papier herum und lassen dabei die einzelnen Bilder auf sich wirken.

Anschließend überlegen sie gemeinsam, was von dem Gemalten am wichtigsten ist für ein glückliches Leben.

Material

CD-Player, ruhige Instrumentalmusik, Papierrolle, Wachsmalstifte

Dampf ablassen und Wut abbauen

Auf die Pauke hauen!

Trommeln ist für ruhige und temperamentvolle Kinder gleichermaßen geeignet. Indem die Kinder kräftig und rhythmisch trommeln, können sie sowohl auf sich aufmerksam machen als auch sich austoben.

Ist die Möglichkeit vorhanden, dass mehrere Kinder miteinander musikalisch in Kontakt treten, z.B. mit einer großen Tischtrommel, dann geraten meist kleine Streitereien zwischen den Kindern zu Gunsten des neu entstanden Gruppengefühls relativ schnell wieder in den Hintergrund.

Material

Tischtrommel, große Rahmentrommel, Bongos o.Ä.

Einen Tonklumpen bearbeiten

Ton eignet sich zum Töpfern, aber auch um negative Gefühle ohne Scheu herauszulassen.

So kann das Kind, welches sich über irgendjemand oder irgendetwas geärgert hat, den Tonklumpen sowohl mit ganzem Druck bearbeiten als auch voller Kraft gegen die Modellierunterlage schlagen. Ist die erste Wut wieder verraucht, kann man meist beobachten, wie die Kinder für sich selbst den knautschig weichen Ton entdecken und zu modellieren beginnen.

Material

Ton oder Knete, Modellierunterlage (Größe DIN A3) für jedes Kind

Box dich durch!

Um Dampf abzulassen, stellt sich das in Wut geratene Kind vor ein doppelseitiges Zeitungsblatt, welches zwei weitere Kinder an jeweils einer Seite halten. Bevor das Kind jedoch mit einer Faust ein Loch in die Zeitung boxt, schreit es möglichst laut seinen gesamten Ärger heraus. Ist die Wut besonders groß, folgen weitere Zeitungsblätter, welche das Kind ebenfalls mit seiner bloßen Faust in Stücke boxen darf.

Material

doppelseitige Zeitungsblätter

Der Prellwutball

Auf dem Flur oder in der Halle kann den Kindern ein so genannter „Prellwutball" zur Verfügung stehen, den sie bei inneren Anspannungen jederzeit benutzen dürfen. Um den Ball so kräftig wie möglich gegen den Fußboden zu prellen, kann das Kind seine beiden Hände einsetzen.

Damit aber keine Gegenstände beschädigt werden, ist darauf zu achten, dass man einen Ball nimmt, der nicht zu stark springt. Aus diesem Grund sind weiche Bälle, die auch ohne Bedenken gegen eine kahle Wand gedonnert werden können, besonders geeignet!

Material

Soft- oder Schaumstoffball (ca. 18 cm Durchmesser)

Die Wut bildhaft ausdrücken

Großflächig mit den Fingern malen und dabei den Empfindungen freien Lauf lassen, ist sicherlich eine gute Methode, um angestaute Aggressionen umzusetzen und abzubauen. Besonders eignet sich dazu eine kindgerechte Staffelei, welche beidseitig benutzt werden kann und somit ausgesprochen viel Bewegungsfreiheit bietet.

Dieses Angebot kann auch dazu dienen, zwei Streithähne wieder einander anzunähern. Denn obwohl beide Kontrahenten sich aufgrund ihres Standorts vor der Staffelei kaum sehen können, sind sie während ihres Tuns auf höchst geheimnisvolle Weise miteinander verbunden.

Material

Staffelei, Papier, Fingerfarben

Sag es durch das Megafon!

Laut durch ein selbstgebasteltes Papprollen-Megafon zu sprechen, welches zuvor mit bunten Papierschnipseln verziert wurde, ist für Kinder aufregend und spaßig zugleich.

Aber auch Kinder, welche sich nicht so gut fühlen, können durch das Hineinsprechen in das selbstgebastelte Megafon auf ihre Sorgen und Nöte aufmerksam machen. Eine solche Vorgehensweise ist insbesondere für die Kinder geeignet, die sonst eher Schwierigkeiten haben, sich vor der Gruppe zu äußern.

Material

leere Küchenrolle, Papierschnipsel, Kleister

27

Stress und Frust weghüpfen

Ein großes luftgefülltes Sicherheitstrampolin ohne harten Rand ist ein relativ ungefährliches Spiel-, Spaß- und Sportgerät, welches u. a. zur Förderung der Bewegungskoordination, Geschicklichkeit, Körperbeherrschung, Reaktion und Konzentration eingesetzt werden kann.

Weil die Kinder durch das Hüpfen in Bewegung kommen, eignet sich dieses Gerät auch hervorragend zum Abbau von negativen Gefühlen. Denn mit jedem Sprung, der unterschiedlich hoch sein kann, kann das Kind seinem Ärger und seiner Wut ganz einfach Luft machen!

Material

großes Trampolin
(ca. 200 cm Durchmesser, 40 cm hoch)

Hüpfen, hüpfen, das tut gut!

Zwei Kinder schwingen das lange Seil. Wenn das Seil oben ist, läuft ein drittes Kind hinein und beginnt mit dem Seilspringen. Dabei sagen die übrigen Kinder folgenden Spruch auf:

„Hüpfen, hüpfen, das tut gut! Hüpfen, hüpfen gegen die Wut. Hüpfen, hüpfen, das macht Spaß! Deshalb geben wir jetzt Gas!"

Sobald der letzte Satz ausgesprochen wurde, wird das Seil immer schneller geschlagen, sodass das Kind entsprechend schneller hüpfen muss. Gerät es dabei aus dem Takt, bestimmt es einen Nachfolger.

Material

Schwung- oder Langseil

Ein Spielfass wegdrücken

Ein stoß- und schlagfestes Spielfass, welches im Handel erhältlich ist, wird in die Mitte gelegt zwischen zwei 6 Meter voneinander entfernt ausgebreiteten Springseilen. Zwei Kinder, die ihre Kräfte messen wollen, stellen sich gegenüber jeweils auf ein Seil.

Ist ein Pfiff zu hören, gehen beide Kinder auf das Spielfass zu, bis sie sich gegenseitig in die Augen blicken können. Anschließend warten die Kinder ab, bis der eigentliche Startpfiff erfolgt. Daraufhin müssen die Kinder sofort das Spielfass mit ihren Händen in Richtung des gegnerischen Spielfelds drücken. Rollt dabei das Spielfass über eines der Seile, ist das Spiel beendet.

Material

Spielfass (Gewicht ca. 5,7 kg), zwei Springseile, Trillerpfeife

Tau ziehen und Wut äußern

Um einen Erwachsenen mit einem Seil möglichst auf die eigene Seite zu ziehen, muss das Kind seine ganze Kraft einsetzen. Mit jedem Versuch dieses Vorhaben in die Praxis umzusetzen, kann das Kind etwas über seine momentane Stimmung preisgeben. Natürlich kann dabei der Erwachsene auch das Kind auf seine Gefühle ansprechen. Ist das Kind vom Tauziehen erschöpft, dann tut eine gegenseitige Umarmung oftmals gut!

Variation

Bis auf ein Kind stehen alle anderen Kinder, die mit ihren Händen ein Rundtau umfassen, wie angewurzelt im Kreis herum. Möchte eines der Kinder seine Wut abbauen, dann stellt es sich in den Kreis und zieht möglichst heftig an dem Seil. Dabei verfolgt es das Ziel, mit ganzer Kraft die Gruppe in Bewegung zu bringen.

Material

Tau

Konflikte friedlich regeln

Hörst du zu?

Bei dem folgenden Spiel lernen die Kinder, aufmerksam zuzuhören. Dies ist eine wesentliche Voraussetzung, um miteinander ein klärendes Gespräch zu führen.

Die Gruppe geht langsam im Raum spazieren, bis die Spielleitung den Namen eines Kindes flüstert. Hört das betreffende Kind seinen Namen, bleibt es mitten in der eben ausgeführten Bewegung stehen und wartet ab, bis die Spielleitung einen weiteren Namen flüstert. Während das erste Kind jetzt wieder weitergehen darf, bleibt das zweitgenannte regungslos stehen, und zwar so lange, bis die Spielleitung den nächsten Namen leise ausspricht. Auf diese Art werden alle Kinder einmal oder öfter bei ihrem Namen gerufen.

Variation für die Älteren

Die Spielleitung flüstert nicht den Namen, sondern beschreibt leise das Aussehen des Kindes, welches stehen bleiben muss.

Ich zeig dir mein Gesicht!

Ein auf einem Pappteller aufgemalter Gesichtsausdruck, der ein Gefühl wie Wut, Zorn, Ärger und Enttäu-
schung widerspiegelt, sagt manchmal mehr aus als
tausend Worte.

Indem die Kinder nacheinander ihre Wutmasken vor-
stellen, wird ihnen sehr gut vor Augen geführt, wie es
den einzelnen Kindern gerade geht. Dabei lernen die
Kinder nicht nur ihre eigenen Gefühle auszudrücken,
sondern auch die Empfindungen ihrer Mitmenschen
bewusster wahrzunehmen, sodass sie viel schneller
aufeinander zugehen und ihre Konflikte untereinander
regeln können.

Material

Pappteller, Fingerfarben, Scheren

Schau her, was ich dabei fühle!

Naturmaterialien mit unterschiedlichen Eigenschaften stehen den Kindern zur Auswahl, um all ihre Empfindungen und Gedanken zu symbolisieren, die innerhalb eines Streites aufgekommen sind. Dafür eignet sich z. B. eine stachelige Kastanienhülle, ein spitzer Stein oder ein pieksender Tannenzweig.

Haben alle Kinder einen Gegenstand ausgesucht, beginnen sie nacheinander zu berichten, wie sich das Material in ihren Händen anfühlt. Wurden die Eigenschaften, die auf das eine oder andere Material gleichermaßen zutreffen können, aufgezählt, dann sollte man den Kindern bewusst machen, dass ein ungeklärter Konflikt für alle Beteiligten in der Regel auch mit negativen Gefühlen verbunden ist. Damit dieser Gefühlszustand nicht anhält, machen die Kinder sich gegenseitig verschiedene Friedensangebote.

Material

verschiedene Naturmaterialien

Nieselt es nur oder regnet es bereits?

Wie extrem wird ein Konflikt von beiden Kontrahenten empfunden? Diese Gefühle können die Kinder bildhaft zum Ausdruck bringen, indem sie entweder einen feinen Nieselregen oder einen besonders heftigen Regenschauer auf ihr Papier malen.

Anschließend zeigen sich die Kinder gegenseitig ihre fertiggestellten Bilder. Dabei überlegen sie sich verschiedene Wege, damit die Sonne möglichst bald wieder scheint.

Material

Papier und Wachsmalstifte

Der heiße Ball

Die beiden Kontrahenten halten einen größeren Abstand zueinander, sodass sie sich gegenseitig einen Ball zuwerfen können.

Bevor das Spiel beginnt, überlegt sich das Kind, welches gerade den Ball in den Händen hält, warum es beispielsweise vorher so wütend war. Dabei kann es auch sagen, wie es von seinem Gegenüber in Zukunft gerne behandelt werden möchte. Daraufhin wirft es den Ball. Das Kind, welches den Ball gefangen hat, wiederholt das Spiel, indem es seinen Ärger äußert. Das geht so lange hin und her, bis die Kinder sich gegenseitig all ihre Empfindungen und Wünsche mitteilen konnten.

Material

Soft- oder Schaumball

 Den Teufelskreis durchbrechen

Nacheinander teilen die Kinder ihre Gefühle mit, die sie während eines Streits erlebt haben. Um die einzelnen Gefühle zu verdeutlichen, benutzen die Kinder Steine, mit denen sie gemeinsam einen Kreis legen.

Sehen die Kinder den fertigen Kreis, überlegen sie, was sie selbst tun können, damit sich alle Beteiligten wieder besser fühlen. Immer wenn ein Friedensangebot geäußert und angenommen wurde, nehmen die Kinder einen Stein aus dem Kreis heraus, sodass dieser langsam aber sicher aufgelöst wird.

Material

Kieselsteine

Domino-Gefühlsrallye

Eine Domino-Rennstrecke aufbauen, um sie am Ende durch das Anstoßen des ersten Steinchens der Reihe noch zum Fallen zu bringen, ist ein äußerst reizvolles Geschicklichkeits- und Geduldsspiel. Weil eine solche Aktion mit mehreren Kindern viel Spaß macht und sich zudem günstig auf den Teamgeist auswirkt, bietet sich dieses Spiel auch für Kinder an, die ihren Konflikt gemeinsam regeln wollen.

Dabei kann beispielsweise immer dasjenige Kind, welches gerade ein Steinchen aufbaut, ein Gefühl, das innerhalb der Auseinandersetzung entstanden ist, laut mitteilen. Indem alle Kinder nacheinander das gleiche tun, entsteht allmählich eine beachtliche Domino-Reihe, die die vielfältigen Gefühle der Kinder symbolisiert.

Um die negativen Gefühle wieder loszuwerden, suchen die Kinder nach einer gemeinsamen Lösung.

Ist eine solche gefunden, steht einer mechanisch ausgelösten Kettenreaktion, bei der die einzelnen Dominosteinchen nacheinander zum Purzeln kommen, nichts mehr im Weg!

Material

Dominosteine

Die Suppe gemeinsam auslöffeln

Auf einem Tisch befinden sich eine Suppenschüssel und kleine Papierkügelchen. Um den Tisch herum sitzen die Kontrahenten, welche sich gegenseitig ihren Frust und Ärger mitteilen. Um die genannten Gefühle symbolisch darzustellen, werfen sie für jeden Gefühlszustand ein Papierkügelchen in die Suppenschüssel. Danach überlegen sich die einzelnen Kinder, wie sie die Suppe am besten wieder auslöffeln können. Glaubt ein Kind zu wissen, wie der Streit am besten beendet werden kann, sagt es das laut und holt dabei mit einem Löffel eine Papierkugel aus der Schüssel heraus. Liegen alle Papierkügelchen wieder auf dem Tisch, dürfen die Kinder eine für alle Beteiligten zufriedenstellende Lösungsmöglichkeit auswählen.

Material

Papierkügelchen, Suppenschüssel, Löffel

Mit offenen Karten spielen

Alle Kinder, die miteinander einen Konflikt haben, malen auf jeweils ein Kärtchen einen Gesichtsausdruck, der ihre momentane Stimmung widerspiegelt.

Danach legen die Kinder ihr Kärtchen verdeckt vor sich hin und warten ab, bis ein Kind sein Kärtchen umdreht und der Gruppe erzählt, wie es ihm momentan geht. Indem die anderen Kinder sowohl das gemalte Gesicht betrachten als auch dem Kind zuhören, wird ihnen viel besser bewusst, was das Kind gerade fühlt.

Sind alle Kärtchen umgedreht, versuchen die Kinder gemeinsam Lösungswege für ihre Probleme zu finden. Anschließend malen die Kinder den für sie damit verbundenen Gesichtsausdruck auf der Rückseite ihres Kärtchens auf.

Material

Kärtchen, Wachsmalstifte oder Buntstifte

42

Verstehen und nachgeben

Zwei Kinder, die miteinander einen Konflikt austragen, spannen einen längeren Faden, der eine Verbindung zwischen ihnen herstellt. Danach teilen sich die Kinder abwechselnd mit, warum sie beispielsweise eine so ungeheure Wut im Bauch verspüren.

Damit die Kinder sich gegenseitig besser verstehen, äußern sie Wünsche, wie sie gerne behandelt werden möchten. Jedes Mal wenn eines der Kinder glaubt, einen Wunsch erfüllen zu können, wickelt es ein Stück des Fadens auf, indem es einen Schritt auf das gegenüber stehende Kind zugeht. Das wird so lange fortgeführt, bis die Kinder all ihre Versprechungen und Zugeständnisse durch einen Handschlag besiegeln können.

Material

Wollfaden (ca. 6 Meter lang)

Freude am Mit-
einander erleben

Herzlich ohne Worte

Alle Kinder bis auf eines bilden einen Stuhlkreis. Das Kind, das keinen Platz hat, geht darin herum und gibt nacheinander allen die Hand, bis es sich irgendwann vor einem von ihm ausgewählten Mitspieler verneigt. Nun müssen alle Kinder, auch das in der Mitte befindliche, ihre Plätze wechseln bzw. einen Sitzplatz ergattern. Der Mitspieler, der keinen Platz finden konnte, beginnt das Begrüßungsspiel von neuem.

Seifenblasen-Spaziergang

Die Kinder verteilen sich im Raum. Eines erhält eine Seifenblasendose und die Aufgabe, möglichst schnell viele Seifenblasen herzustellen. Solange die Seifenblasen fliegen, gehen die Kinder im Raum umher. Je mehr Seifenblasen zerplatzen, desto langsamer bewegen sich die Kinder. Wenn schließlich die letzte Seifenblase verschwunden ist, verharren die Kinder unbeweglich in der Haltung, die sie gerade eingenommen haben.

Stehen alle auf diese Weise regungslos im Raum, stampft das Kind mit der Seifenblasendose kräftig auf den Boden, worauf die Kinder wieder umhergehen dürfen und das Spiel von neuem beginnt.

Variation

Die Kinder bleiben stehen, sobald sie die ersten Seifenblasen in der Luft sehen. Sind alle Seifenblasen wieder verschwunden, dürfen sie sich wieder im Raum bewegen.

Material

Seifenblasendose oder Seifenblasenmaschine

Den Wassermann fangen

Ein Kind aus der Gruppe spielt den „Wassermann" und ein anderes erhält die Aufgabe, diesen zu fangen. Alle anderen Kinder müssen nun jedoch versuchen, dies zu verhindern, indem sie dem „Wassermann", der eine Muschel in den Händen hält, hinterherlaufen.

Immer wenn sich der „Wassermann" von dem Fänger in die Enge getrieben fühlt, übergibt er die Muschel einem anderen Kind, welches damit die Rolle des Gejagten übernimmt. Gelingt es dem Fänger, den „Wassermann" zu stellen, bevor er die Muschel übergeben kann, ist das Spiel beendet.

Material

Muschel

Tanz um das Papier

Alle Kinder sitzen um eine ausgelegte Papierrolle herum, auf der Wachsmalstifte bereit liegen. Erklingt die Musik, nimmt jedes Kind einen Stift zur Hand und folgt der Anweisung der Spielleitung, die ebenfalls vor dem Papier sitzt und passend zur Musik z. B. große Kreise oder Zickzacklinien malt.

Das geht so lange, bis die Spielleitung den Stift zur Seite legt und zum Rhythmus der Musik in die Hände klatscht oder mit den Füßen auf den Boden stampft. Die Kinder ahmen sämtliche Bewegungsabläufe so lange nach, bis die Spielleitung den Namen eines Kindes nennt, welches daraufhin die Führung der Gruppe übernimmt.

Material

Papierrolle, Wachsmalstifte, CD-Player, Unterhaltungsmusik

Lkw beladen

Große Fahrzeuge, wie z. B. ein Lkw-Kipper aus robustem Kunststoffmaterial, werden gerne von Kindern benutzt und sind meist ein begehrtes Spielobjekt. Damit alle Kinder das Fahrzeug benutzen können, bietet sich die hier aufgeführte Spielmöglichkeit an:
Nachdem sich alle Kinder einen kleinen Kieselstein geholt haben, bilden die Kinder einen Kreis und setzen sich auf den Boden. Sind alle Kinder ganz leise, dann erhält eines der Kinder den Lkw, auf dessen kippbare Ladefläche das Kind seinen Kieselstein legt. Danach nennt das Kind den Namen eines weiteren Kindes, zu dem es den Lkw-Kipper schubst. Weil der Kieselstein nicht herausfallen darf, muss das Kind äußerst behutsam sein. Anschließend wiederholt das Kind, das nun das begehrte Objekt vor sich hat, das Spiel.
Sollte hierbei der eine oder andere Kieselstein aus der Ladefläche fallen, beginnt das ganze von vorn. Denn

erst wenn alle Kieselsteine sich auf der Ladefläche befinden, ist das Spiel beendet.

Material

großer Lkw-Kipper, kleine Kieselsteine

Zwei gleich hohe Türme?

Bei dem folgenden Spiel wird der Teamgeist geweckt und das Fingerspitzengefühl geschult, indem die Kinder zunächst einen möglichst hohen Turm mit ganz normalen Bausteinen bauen, welchen sie dann mit möglichst wenig Alltagsmaterialien genauso hoch bauen müssen.

Um dies realisieren zu können, müssen die Kinder zunächst ein Material auswählen, welches nach ihrer Meinung den besten Bauuntergrund bietet. Ist ein solches Material gefunden, legen die Kinder dieses neben den Bausteinturm. Danach überlegen sich die Kinder, welche Materialien sich zum Weiterbauen eignen. Sollte bei diesem Bauvorhaben irgendwann ein Stück herunterfallen oder der Turm frühzeitig einstürzen, fängt das Spiel wieder ganz von vorne an.

Material

Bausteine, vielfältige Materialien, wie leere Pappschachteln, Küchenrollen, Papierstreifen, Dosen etc.

Kreis-Fußball

Die Kinder bilden einen Kreis und geben sich die Hände. Die Spielleitung kickt einen Softball in die Kreismitte, welchen die Kinder sich mit ihren Füßen gegenseitig zuspielen. Weil aber die Hände während des Ballspiels nicht losgelassen werden dürfen, müssen alle Kinder äußerst behutsam und aufmerksam sein. Klappt das Zusammenspiel gut, kann ein weiterer Ball zum Einsatz kommen.

Variation

Damit das gegenseitige Zuspielen des Balls nicht willkürlich geschieht, wird immer das Kind genannt, welches als nächstes den Ball erhalten soll.

Material

Softbälle

Musik aus der Küche

Die Kinder stellen sich im Kreis auf und halten jeweils einen Gebrauchsgegenstand aus der Küche in den Händen. Sobald die Gruppe ganz ruhig ist, beginnt ein Kind beispielsweise mit einem Kochlöffel auf eine Plastikschüssel zu trommeln. Zu diesem Rhythmus tanzen die Kinder dann so lange im Kreis herum, bis sie wieder bei ihrer Ausgangsposition angelangt sind. Danach macht ein anderes Kind „Musik", indem es beispielsweise eine Gewürzdose als Rassel benutzt und damit die Gruppe zur Bewegung animiert. Wurden auf diese Weise alle „Kücheninstrumente" vorgestellt, ist das Spiel beendet.

Material

Geschirr, Kochtöpfe, Schüsseln etc.

Knetmeister/-in

Bis auf ein Kind sitzt die Gruppe um ein großes Schwungtuch herum auf dem Boden. Die Spielleitung teilt den Kindern jeweils eine Knetunterlage und ein Stück Knete aus, die sie vor sich unter das Schwungtuch legen. Während das eine Kind für alle gut sichtbar aus Knete etwas formt, müssen alle anderen versuchen, diese Form unter dem Schwungtuch nachzukneten. Während also der „Knetmeister" langsam etwas aus seinem Knetklumpen entstehen lässt, beobachten die anderen Kinder seine Handgriffe aufmerksam und machen diese mit der eigenen Knete nach.

Sind die Werke des „Meisters" und der „Lehrlinge" fertig gestellt, deckt die Gruppe das Schwungtuch auf und vergleicht die eigenen Werke mit dem des Meisters. Der Meister darf das Werk heraussuchen, das die größte Ähnlichkeit zu seinem aufweist.

Material

ein Stück Knete und eine Knetunterlage für jedes Kind, Schwungtuch

Farben finden sich

Die Kinder bilden gleich große Gruppen. Jede Gruppe bekommt eine andere Farbe zugewiesen; gemäß ihrer Gruppenfarbe bekommt jedes Kind ein Farbkärtchen.
Sobald die Tanzmusik erklingt, bewegen sich alle Kinder frei im Raum. Immer wenn sich zwei Kinder begegnen, tauschen sie ihre Kärtchen miteinander aus, sodass keiner mehr weiß, wer zu welcher Farbgruppe gehört.
Irgendwann stoppt die Musik und die Kinder bleiben stehen. Nun schaut jedes Kind auf sein Kärtchen und hält es gut sichtbar in die Luft. Sobald die Kinder die Farben der Kärtchen erkennen, laufen sie blitzschnell zu den Kindern mit der gleichen Farbe und bilden einen Kreis. Sieger ist die Gruppe, die zuerst schweigend auf dem Boden sitzt.

Material

verschiedene Farbkärtchen, CD-Player, Tanzmusik

Ruhig werden und entspannen

Namen flüstern

Die Kinder stehen im Kreis. Die Spielleitung sitzt in der Mitte auf dem Boden und flüstert den Namen eines Kindes. Damit alle Kinder den Namen hören können, müssen sie mucksmäuschenstill und aufmerksam sein. Wer seinen Namen hört, geht schweigend einmal im Kreis herum und setzt sich an seinem Platz auf den Boden. Ein weiteres Kind wird durch Namen-Flüstern auf die Reise geschickt.

Die Übung ist erst dann beendet, wenn alle Kinder auf dem Boden sitzen. Indem die Kinder geduldig im Kreis warten, bis sie ihren Namen hören können, werden Konzentration und Ausdauer geschult. Außerdem gewöhnen sich die Kinder auf spielerische Weise an Stille – eine gute Vorübung für Meditationen, Fantasiereisen und Stilleübungen.

Taucher auf Schatzsuche

Die Spielleitung versteckt eine kleine Schatztruhe mit Muggelsteinen im Raum. Die Kinder spielen nun Taucher, die den Schatz auf dem Meeresgrund finden müssen. Als Taucherausrüstung bekommt jedes eine Sauerstoffflasche (Rucksack) und eine Tauchermaske (Schwimmbrille).

Die Kinder gehen auf dem Meeresgrund spazieren und nehmen dabei bewusst ihre Körperbewegungen wahr. Wie die echten Taucher bewegen sie sich „unter Wasser" extrem langsam. Ist der Schatz gefunden, wird er von den Mitspielern gemeinsam geborgen.

Material

Rucksäcke, Schwimmbrillen, kleine Schatztruhe mit Muggelsteinen

Den Windhauch spüren

Bis auf das „Windkind" sitzen alle anderen im Stuhlkreis, schließen ihre Augen und strecken ihre Hände nach vorn aus. Das Windkind geht langsam und möglichst geräuschlos im Kreis spazieren. Dabei verhält sich die Gruppe ganz ruhig.

Vor einem Kind bleibt das Windkind stehen, atmet zunächst tief ein und bläst dann den Atem langsam auf die ausgestreckten Hände. Spürt das Kind den Windhauch auf seinen Händen, öffnet es die Augen und geht in der folgenden Runde ebenfalls als Windkind im Kreis herum. Das Spiel endet, wenn alle im Kreis unterwegs sind.

Fledermaus wach auf!

Ein Kind aus der Gruppe erhält die Triangel bzw. den Gong und übernimmt damit die Rolle der Kirchturmuhr. Alle anderen bekommen eine Wolldecke und ein Seidentuch. Die Wolldecken werden von den Kindern an selbst gewählten Plätzen im Raum ausgelegt, das Seidentuch legen sie sich um die Schultern und verknoten es zu einer Art Umhang.

Nun spielen die Kinder kleine Fledermäuse, die in ihrer Höhle, d.h. unter den Decken, schlafen. Regungslos liegen die Fledermäuse in ihrer Höhle und warten ab, bis die Kirchturmuhr zwölf mal schlägt. Punkt zwölf Uhr wachen sie auf und kriechen langsam aus ihrer Höhle heraus. Dann fliegen sie im Raum umher, bis die Kirchturmuhr einmal zu hören ist. Blitzschnell kehren die Fledermäuse daraufhin wieder in ihre Höhle zurück. Das Kind, welches als Erstes ganz ruhig unter seiner Decke liegt, darf als Kirchturmuhr die nächste Spielrunde einläuten.

Material

Seidentücher (90 x 90 cm), Wolldecken, Gong oder Triangel

Die Federdecke

Die Kinder teilen sich in zwei gleich große Gruppen auf. Während sich die erste Gruppe auf ihren Decken auf den Rücken legt, holt sich die zweite Gruppe jede Menge Federn.

Dann gehen die Kinder der zweiten Gruppe gemütlich im Raum spazieren und bleiben von Zeit zu Zeit vor einem der am Boden liegenden Kinder stehen, um die Federn auf dessen Körper schweben zu lassen. Liegen die Kinder der ersten Gruppe unter der „Federdecke", dann stehen sie über die Seitenlage auf und tauschen mit den Kindern der zweiten Gruppe die Rollen.

Material

viele Federn, Decken

Küken behutsam wecken

Ein Kind übernimmt die Rolle der Vogelmutter, die anderen sitzen im Kreis am Boden und spielen so die schlafenden Küken in ihren Nestern.

Nun geht die Vogelmutter leise außen um den Kreis herum und weckt nacheinander alle Küken sanft mit einer Feder auf. Sobald ein Küken die Berührung der Feder im Nacken spürt, öffnet es die Augen und reckt sich ein wenig. Langsam steht es auf und geht der Vogelmutter hinterher. Dabei macht das Küken alle Bewegungen der Vogelmutter nach. Wenn alle hinter der Vogelmutter stehen, ist das Spiel beendet.

Material

eine Feder

Päckchen abschicken

Alle Kinder setzen sich hintereinander in eine Reihe. Sie halten kleine Körbe in Händen, die jeweils mit einem Pinsel, einem Tennisball, einem Igelball und einer leeren Küchenrolle gefüllt sind. Während des folgenden Spiels dürfen die Kinder weder miteinander sprechen noch sich umdrehen.

Nun holt der letzte Mitspieler in der Reihe einen der vier Gegenstände aus seinem Korb und massiert damit sanft den Rücken des Vordermanns. Ähnlich wie bei dem bekannten Spiel „Stille Post" holt dann das Kind, dem gerade der Rücken massiert wurde, den seinem Gefühl nach gleichen Gegenstand aus seinem Körbchen heraus und massiert damit wiederum seinen Vordermann. Dieser Vorgang wird bis zum vorderen Ende der Reihe wiederholt.

Wenn das „Päckchen" auf diese Weise den vorne sitzenden Mitspieler erreicht hat, überprüfen die Kinder, ob der Gegenstand in den Händen des Vordersten mit dem des ganz hinten Sitzenden übereinstimmt.

Material

für jedes Kind einen Korb mit einem Pinsel, einem Tennisball, einem Igelball und einer leeren Küchenrolle

Der Steinkönig

Alle Kinder gehen im Raum umher, bis die Spielleitung „Stopp!" ruft. Auf dieses Zeichen hin erstarren die Kinder sofort in der eben von ihnen ausgeführten Bewegung. Sie bleiben dann so lange schweigend und wie versteinert stehen, bis sich ein Kind bewegt oder das Schweigen bricht. Diejenigen, die am längsten durchhalten, werden zum Steinkönig, bzw. zur Steinkönigin ernannt.

Variation

Die Kinder tanzen paarweise im Raum umher, bis die Musik stoppt. Das Paar, das am längsten regungslos stehen bleiben kann, wird zum „Steinkönigspaar" gekrönt.

Komm auf die Schaukel!

Die Kinder sitzen mit geschlossenen Augen auf dem Boden und warten, bis ein zuvor ausgewählter Mitspieler behutsam ihren Kopf streichelt. Spürt ein Kind die sanfte Berührung auf seinem Kopf, dann legt es sich auf den Rücken, zieht die Knie zur Brust hin an und umfasst sie mit den beiden Händen. Durch diese Haltung entsteht ein gewölbter Rücken, der eine Schaukelbewegung möglich macht.

Der umhergehenden Mitspieler ist nun dafür verantwortlich, dass die Schaukelbewegung der Kinder nicht zum Stillstand kommt, indem er die schaukelnden Kinder mit beiden Händen immer wieder leicht am Rücken anstößt. Vergisst er dies bei einem Kind, sodass dieses zum Stillstand kommt, dann muss er mit diesem die Rollen tauschen.

Summende Bienen

Die Kinder verteilen sich im Raum und bestimmen einen Mitspieler, der eine Biene nachahmt und summend durch den Raum geht. Die anderen stehen still und mit geschlossenen Augen auf ihrer Position und warten ab, bis die „summende Biene" vor einem Kind ihrer Wahl stehen bleibt.

Glaubt ein Kind zu hören, dass sich die Biene vor ihm befindet, so öffnet es die Augen. Stimmt seine Vermutung, dann gehen beide Kinder summend und Händchen haltend im Raum spazieren, bis sie vor einem weiteren Kind stehen bleiben. Auch dieses muss nun mit seinem Gehör herausfinden, ob die Bienen vor ihm stehen und darf sich dann den anderen beiden anschließen. Der Vorgang wird so lange wiederholt, bis alle Kinder als „summende Bienen" gemeinsam durch den Raum gehen, womit das Spiel beendet ist.

Don Bosco MiniSpielothek
Klein, fein, alles drin

ISBN 978-3-7698-2161-1

ISBN 978-3-7698-2160-4

ISBN 978-3-7698-2159-8

ISBN 978-3-7698-2130-1

ISBN 978-3-7698-2128-4

ISBN 978-3-7698-2129-1

ISBN 978-3-7698-2127-7

ISBN 978-3-7698-2077-5

ISBN 978-3-7698-2076-8

ISBN 978-3-7698-2065-2

ISBN 978-3-7698-2002-7

ISBN 978-3-7698-2075-1

ISBN 978-3-7698-2064-5

ISBN 978-3-7698-2066-9

ISBN 978-3-7698-2000-3

ISBN 978-3-7698-1999-1

ISBN 978-3-7698-2001-0

ISBN 978-3-7698-2063-8

ISBN 978-3-7698-1983-0

ISBN 978-3-7698-1982-3

ISBN 978-3-7698-1966-3

ISBN 978-3-7698-1984-7

ISBN 978-3-7698-1939-7

ISBN 978-3-7698-1938-0

ISBN 978-3-7698-1936-6

ISBN 978-3-7698-1937-3

ISBN 978-3-7698-1919-9